AF563184

1er SEPTEMBRE 1868

TRANSLATION

DES

RESTES MORTELS

DE

PLUSIEURS MEMBRES

DE LA

FAMILLE BIRON

(L'HERMET)

Famille BIRON (de l'Hermet) (1)

Ensevelissez-moi avec mes pères dans la double caverne.

Sepelite me cum patribus meis in spelunca duplici.

(Gen. 49.)

Parents et Amis bienveillants !

Dois-je prendre la parole aujourd'hui dans ce cimetière, ou bien est-il plus convenable à mon deuil de garder le silence? Quelle n'est pas

---

(1) Tout homme a le devoir d'aimer sa famille et aucun n'a le droit de rougir de la médiocrité de ses ancêtres. Les notes suivantes en seront une preuve.

Le premier chef connu de la famille Biron habitait le village des Mons, où il exerçait honnêtement la profession de notaire. Sa maison était vulgairement appelée : *Maison du Notaire;* mais, pour la commodité de la clientèle, il tenait son étude et ses papiers dans la maison qui appartient aujourd'hui à M. Guillaume Vaccaresse de Lieutadès.

Depuis longtemps, la charge de syndic de la commune se perpétuait dans cette famille, qui avait la particule nobiliaire; elle s'appelait *de Biron*. Toutes ces distinctions disparurent, soit par l'incurie du fils aîné du notaire, soit par les événements de la grande révolution.

La famille *Biron-notaire* et la famille *Biron-Laroque-Daghicat* sortaient récemment d'une même souche, lorsqu'un membre de cette dernière famille vint à se fixer à l'Hermet par son mariage avec Marguerite Cocural. Le fils aîné du notaire Biron n'hérita point du caractère sérieux de son honorable père, et sa fortune, relativement considérable, fut compromise bientôt. Il s'appelait Henri Biron, et fut communément désigné sous le nom *d'Henri du Notaire*.

Sa vertueuse épouse, Marguerite Tourrette, de Thérondels, lui donna une nombreuse famille : mais deux noms seulement doivent trouver ici leur place : Jean-Antoine Biron et Géraud Biron. Le premier alla fixer son séjour à Paris, où il vécut honorablement, et mourut dans le courant des douze premières années du dix-neuvième siècle. Il laissa deux enfants qui vivent encore et sont aussi distingués par leur talent que par leur honorabilité. L'aîné, Jean-Antoine-Bernard Biron, né à Paris, le 30 octobre 1792, a presque toujours habité le midi de la France, et se trouve fixé aujourd'hui dans la petite ville de Carpentras, département de Vaucluse. Il épousa la vertueuse fille du général Vigogne, mort trop jeune au service de la patrie, et de ce mariage naquit Henriette Biron, qui est aujourd'hui la digne épouse de M. Alexandre Pon-

mon incertitude! La présence de tant de cercueils réunis blesse profondément mes regards et perce mon cœur d'un glaive affreusement douloureux. Ah! Si c'est une faiblesse de pleurer sur les morts, cette faiblesse est la mienne! Un mouvement irrésistible de mon être me contraint d'obéir à ces paroles de nos livres sacrés : *Mon fils, répandez vos larmes sur le mort, et pleurez comme un homme qui a reçu une grande plaie ; ensevelissez son corps et ne négligez pas sa sépulture.*

Ainsi donc, je pleurerai comme pleura Joseph lorsqu'il fit transporter les restes de son père dans la grotte d'Ephron.

Je pleurerai comme pleura Augustin sur le corps glacé de sa mère.

---

gowski, docteur en médecine. De ce dernier mariage sont nées les deux jeunes filles Caroline et Alice Pongowski-Biron.

Jean-Antoine-Bernard Biron et son gendre Alexandre Pongowski ne laissent pas leurs talents dans l'inutilité. Biron est le premier qui ait fait du *papier de bois en France*. Dès 1834, il avait établi une fabrique d'essai, et quoique le procédé soit tombé aujourd'hui dans le domaine public, *l'invention* lui appartient, et c'est encore lui-même qui, par des combinaisons chimiques, est arrivé récemment à *blanchir cette pâte de bois*, qui l'avait tant occupé dans sa vie — Pongowski a été assez heureux pour apporter à l'industrie garancière une importante amélioration : c'est la rectification des alcools, qui, grâce à un nouveau mode de distillation, ont pu entrer en concurrence avec tous les alcools du Nord. — Un travail constant et soixante-quinze années de vie n'ont encore rien ôté à Bernard Biron de la fraîcheur de ses sentiments ni de l'amabilité de son caractère.

Son frère, Alexandre Biron, plus jeune de dix-huit mois, a toujours habité Paris. Après avoir été maire de Montmartre, il a vu les distinctions honorifiques venir récompenser ses services, et il porte justement la décoration de la Légion d'honneur.

L'autre fils d'*Henri du Notaire des Mons*, dont la mémoire trouve ici sa place, se nommait Géraud Biron. Il épousa Elisabeth Salgue de Lieutadès, et devint ainsi le maître de la maison dite : *Maison de Montagne*. — Il eut une nombreuse famille ; mais, son fils aîné étant mort à la fleur de la jeunesse, ce bon père tomba dans une extrême désolation, ne prit aucun soin de sa santé, et ne tarda pas à succomber sous le poids de la tristesse. Elisabeth Salgue éleva ses nombreux enfants dans le travail et la crainte de Dieu. Un seul nom trouve ici sa place : c'est Noël-Anselme Biron, qui devint lui-même le père d'une nombreuse famille, à laquelle il transmit cette devise :

MARCHE BIEN — LAISSE DIRE.

Le rêve de sa vie était de mettre tous ses enfants *dans le bon chemin*. Avant de mourir, il n'avait qu'un désir ; c'était de voir de ses propres yeux tous ses enfants *marcher dans la bonne voie*. Lorsqu'il leur écrivait, il aimait à terminer ses lettres par ces mots : *Le meilleur des pères, à la vie et à la mort*. Il disait vrai, et les corrections que sa rude tendresse ne manquait pas de leur adresser, méritent des éloges devant les hommes et une récompense devant Dieu.

Je pleurerai comme pleura Jésus-Christ lui-même sur la tombe de son ami Lazare.

Oui, je pleure, et je sens bien que mes larmes sont des gouttes de sang qui coulent de la plaie du cœur et vont se répandre abondantes sur les Restes de mon généreux père, de ma tendre mère et de mes frères bien-aimés !

Mais les témoins de ma douleur demandent à mon caractère de leur faire un aveu qui est un juste devoir d'édification. Je le déclare donc devant tous, Parents et Amis bienveillants, mes larmes ne sont point le produit du désespoir, car nous sommes les enfants de l'Espérance chrétienne, et nous ne saurions pleurer à la manière des païens.

Vous êtes venus ici pour vous associer à notre deuil; vous êtes venus pour nous prêter le secours de vos prières et nous offrir les consolations de votre amitié. — Dieu permettra peut-être que nous vous rendions un jour de pareils bons offices; mais, dès aujourd'hui même, nous vous devons le spectacle de la piété filiale soutenue par la foi, devenant plus forte que toutes les douleurs, et remplissant jusqu'au bout les obligations d'un serment qui tomba bien plus de notre cœur que de notre bouche.

Vous voyez donc en ce moment les enfants d'Anselme BIRON de l'Hermet exercer un ministère tout semblable au ministère que remplirent jadis les enfants de Jacob, lorsqu'ils transportèrent les restes mortels de leur père dans la vaste grotte pratiquée au champ d'Ephron (1).

---

(1) Lorsque Jacob fut sur le point de mourir sur la terre étrangère, il tourna ses regards vers le pays natal, et s'adressant à ses enfants réunis autour de sa couche funèbre : « Voici, leur dit il, que je vais rejoindre mon peuple » au tombeau : ensevelissez-moi avec mes pères dans la double caverne, qui » est dans le champ d'Ephron Héthéen, vis-à-vis de Mambré, en la terre » de Chanaan, et qu'Abraham acheta d'Ephron Héthéen, avec le champ, pour » en faire le lieu de sa sépulture. C'est là qu'on l'a enseveli avec Sara, son » épouse; là a été enseveli Isaac avec Rebecca son épouse ; là est enfermée » et repose Lia. »

Joseph, voyant son père mort, se jeta sur son visage, pleurant et l'embrassant. Il parla ensuite aux officiers de la maison de Pharaon et les supplia de dire à son maître : « parce que mon père m'a fait jurer, disant : Voici que je » meurs, tu m'enseveliras dans le sépulcre que j'ai creusé pour moi dans la terre » de Chanaan ; j'y monterai et j'ensevelirai mon père et ensuite je reviendrai.

Les fils de Jacob firent donc ce que leur père leur avait ordonné. Ils le portèrent dans la terre de Chanaan et l'ensevelirent dans la vaste caverne, vis-à-vis de Mambré, qu'Abraham avait achetée d'Ephron Héthéen, avec son champ, pour en faire le lieu de son sépulcre.

Nous n'avons pas besoin de faire devant vous une protestation que l'équitable appréciation de vos jugements ne réclama jamais. Nous n'avons pas besoin de vous prévenir que la construction de ce vaste tombeau dans le champ de la tristesse n'est le fruit d'aucune prétention, ni d'aucune vanité, que rien ne saurait justifier dans une humble famille (1).

La vérité ne vous montre ici qu'un pieux hommage rendu à la mémoire de nos défunts; vous voyez l'œuvre de la piété filiale, le monument de nos regrets et de nos larmes, et le consolant témoignage de notre foi à la future résurrection des morts

En suivant l'ordre des temps, je dois d'abord rendre hommage à la mémoire de ma mère. — Voilà près de vingt-cinq ans qu'elle repose dans cette terre, souvent témoin de nos prières et arrosée de nos larmes (2).

Joseph lui-même se voyant à son tour sur le point de mourir, dit à ses frères : Après ma mort, vous transporterez mes ossements avec vous, jusqu'au tombeau de mes pères.

(1) Ce fut quelques jours seulement après la mort de son époux bien-aimé, que madame veuve François Biron aînée prit la généreuse résolution d'acheter le champ de Bouldoire-Buisson, pour en faire le lieu d'un tombeau de famille.

Elle est digne assurément des plus grands éloges la femme qui vend ses bijoux et ses joyaux les plus antiques pour en faire un sacrifice de piété à la mémoire de son époux !...

Le 19 janvier 1868, le champ de Bouldoire-Buisson devenait la propriété de madame veuve Biron, et le 16 avril de la même année, la pieuse femme, récemment accourue à Paris, allait tracer elle-même, dans le champ, le plan et les dimensions qu'elle voulait donner au nouveau sépulcre.

Cependant quelques esprits dépourvus de la plus vulgaire bienveillance, s'imaginèrent entrevoir une *affaire de spéculation* dans l'achat d'un terrain relativement étendu. C'est alors que madame Biron promit d'abandonner gratuitement à la commune de Lieutadès tout le terrain qui ne lui serait pas absolument nécessaire pour l'emplacement et les faciles abords de sa future Chapelle-Mortuaire.

On dira plus loin comment fut acheté le champ d'Ephron, avec l'argent et les sicles du patriarche Abraham, et il sera permis de faire savoir aussi comment fut acheté le champ de Bouldoire-Buisson.

(2) Jeanne Besse-Biron mourut à l'Hermet, le 2 février 1844. Elle était née à Lagarde, le 12 janvier 1799, et se trouvait être la plus jeune des filles de François Besse et de Marie Biron. Cette dernière descendait en lignedirecte de la branche des Biron-Daghicat, établie à l'Hermet, et ses frères étaient Biron de l'Hermet, propriétaire à Espeyrac, Biron-Valette de Lieutadès, et Biron de de Gudet. Marguerite Biron, une de leurs sœurs, s'établit à Succaud, et devint madame Yrisson-Blanchoud.

Jeanne-Besse-Biron se maria en 1817 avec son petit-cousin, Noël-Anselme Biron, et devint mère de onze enfants, qui n'eurent pas le bonheur de la pos-

— Ah ! digne mère ! vous aimiez tant vos enfants ! Quelques jours seulement avant votre mort, on vous entendait dire : *Oui, je les aime mes enfants, et si Dieu me laisse vivre encore, je continuerai de les soutenir et de les aimer.* Mais déjà les travaux, les privations et les souffrances l'avaient complètement épuisée, et, à l'âge de quarante-cinq ans vingt jours, elle succombait au sommeil de la mort. Que l'on me permette de pleurer cette mère comme Augustin pleura sa propre mère (1). Après vingt-cinq ans de deuil, qu'on me permette de m'écrier : *Levez-vous, cendres de ma bonne mère, et venez occuper la place que vous réserva notre amour !*

Voici maintenant les Restes mortels de mon malheureux père, Anselme BIRON. Mon esprit est tout frémissant ; ma langue trouvera-t-elle des paroles assez pénétrantes pour exprimer la tristesse de mon âme et redire les accents de ma douleur ? Ah ! que n'ai-je obtenu la faveur accordée quelquefois aux véhéments regrets de la piété filiale ? (2). Que n'ai-je succombé moi-même à la mort, lorsque j'embrassais naguère et que

---

séder assez longtemps. Les années de sa vie furent courtes et remplies de privations, de peines et de souffrances Sur la fin de ses jours, ses yeux se portaient tour à tour sur chacun de ses plus jeunes enfants et un triste pressentiment lui arrachait des larmes et semblait lui fendre le cœur.

(1) Après la mort de sa mère, saint Augustin exprimait ainsi sa douleur : « Mon cœur est obscurci par la tristesse, et tout ce que je vois me retrace » l'image de la mort. La maison paternelle me rappelle sans cesse ma dou- » leur et mon malheur. Tout ce qui m'était doux, quand je pouvais le partager » avec celle que j'aimais, me devient un supplice depuis que je l'ai perdue. » Mes yeux la cherchent partout et ne la trouvent nulle part. Tout ce que je » vois m'est en horreur, parce que je ne la vois point. Quand elle vivait » quelque part que je fusse sans elle, tout me disait : Tu vas la voir, rien ne » me le dit plus. Je ne trouve de douceur que dans les larmes ; elles me » tiennent lieu de ce que m'était ma mère lorsqu'elle vivait Je suis malheu- » reux, et on l'est dès qu'on livre son cœur à l'amour des choses qui passent ; » on est déchiré quand on vient à les perdre, et c'est alors qu'on sent tout » son malheur. J'étais loin de m'en faire l'idée avant de l'avoir éprouvé. Je » ne puis soutenir le poids de mon cœur déchiré et ensanglanté, et je ne sais » où le reposer. » (*Conf.*, liv. IV.)

(2) Louis de Bourbon, Comte de Montpensier, étant entré en Italie avec l'armée française, se rendit promptement à Pouzzoles, où se trouvait le tombeau de son père, récemment décédé. Dès qu'il y fut arrivé, il fit célébrer un service religieux, et ordonna de lever la tombe, afin d'avoir la consolation d'arroser de ses larmes les cendres du bon père qui causait ses regrets Hélas ! quel spectacle déchirant lui présente le corps de son père ! Le fils est blessé jusqu'au fond des entrailles ; il lève les mains au ciel, et, jetant un profond soupir, il expire d'un serrement de cœur.

je pressais sur ma poitrine les ossements de mon père? (1). Combien de fois, sur cette tombe et aux alentours, sur ces montagnes d'origine mon âme fut obscurcie par les flots de la douleur? Combien de fois mes yeux cherchèrent mon père partout et ne le trouvèrent nulle part? Combien de fois, errant tout seul au loin dans la campagne et les champs de l'Hermet, j'appelai mon père par son nom, et nulle voix amie n'est venue me répondre? Combien de fois j'étendis mes bras pour embrasser son ombre qu'une douce illusion me faisait voir? Combien de larmes me tira le souvenir de l'intelligente et virile tendresse de mon père pour ses enfants? Je me souviens, voyez-vous, de son œil vif et noir qui me regardait avec amour et me disait avec énergie : MARCHE BIEN, LAISSE DIRE ! Je me souviens du trépignement de ses pieds, des inquiétudes de son esprit, de l'indomptable vigueur de sa volonté et de l'ambition de son cœur pour l'avancement et la prospérité de ses enfants !... La mort seule fut capable de mettre un terme aux plus flatteuses espérances. Dès qu'il soupçonna quelques signes avant-coureurs de sa fin, il se tourna vivement vers un de ses enfants et lui dit : *Ah! pauvre Auguste! que t'arrivera-t-il si je te quitte? Je sens que mon esprit s'égare... Cependant je ne suis pas un homme mal plombé !... Mais qu'est-ce que l'homme, ô mon Dieu, sur son lit de mort? Rien !... Que votre volonté soit faite !...*

En effet, la volonté de Dieu ne tarda point à s'accomplir, et le treizième jour du mois de mai 1854, la mort terrassait mon père comme elle terrasse le lion (2).

(1) Le 4 décembre 1867, dans une circonstance particulièrement douloureuse, le tombeau d'Anselme Biron fut ouvert pour la première fois, et l'affreux spectacle de ses ossements trop maltraités, frappa tout à coup les regards du plus aimant de ses fils. Si les bêtes sauvages qui habitent sur les montagnes voisines avaient pu voir et comprendre, elles se fussent attendries !... Mais Dieu permettait en ce moment l'exécution d'un vœu que les lois humaines avaient défendu d'accomplir quatorze ans plus tôt, le 15 juin 1854. Le fils pouvait enfin dire une parole secrète au crâne de son père, et rassasier sa douleur en mettant le comble à son amour.

(2) Au jour de sa mort, Noël-Anselme Biron était âgé de soixante ans et vingt-trois jours. Il était né à Lieutadès le 21 avril 1794. Comme c'était encore pendant la grande révolution, le prêtre fut appelé en secret et baptisa l'enfant dans la maison même de ses parents, Géraud Biron, dit : Les montagnes de Lieutadès.

Afin de ne pas compromettre le parrain du nouveau baptisé, qui était Nada (Noël), de Lieutadès, il fut convenu que l'Enfant porterait habituellement le

Et aujourd'hui, n'est-ce pas un devoir pour moi de rendre publiquement hommage à sa mémoire? Ne dois-je pas m'écrier : *Levez-vous, ossements de mon généreux père ; tressaillez de joie sous la main bénissante de votre fils, et venez prendre la place d'honneur que son amour vous laissera toujours!*

Et toi, cher Auguste, dont je viens de prononcer le nom, tu devais, hélas! par ta mort prématurée, rendre toujours saignante la plaie de mon cœur! Tu fus autrefois le confident privilégié des dernières peines et des suprêmes épreuves de ton père, et voilà qu'il était décidé dans les conseils de Dieu que tu le suivrais le premier dans la tombe! Comment donc as-tu succombé aux premières étapes de la vie? Ni la ferveur de nos prières, ni les larmes d'une vertueuse épouse, ni la tendre jeunesse de tes enfants n'ont pu te retenir plus longtemps sur la terre! Tes joies furent courtes, mon cher Auguste, et tu seras pour nous un exemple de de plus de la fragilité de toutes les choses humaines. Mais ton regard franchement chrétien se porta vivement sur la croix du Sauveur, et ton cœur fut capable de consommer un immense sacrifice (1). Ne devions-

---

nom d'Anselme, qui était le nom du saint dont l'Eglise célèbre la fête le 21 du mois d'Avril.

Anselme avait vingt-trois ans lorsqu'il contracta mariage avec Jeanne Besse-Biron, et les circonstances ne tardèrent pas à lui faire acquérir le domaine de l'Hermet, qui lui fut vendu par l'oncle Biron, lequel venait de faire bâtir la maison d'Espeyrac. Ce ne fut qu'après 1840 qu'il acheta le domaine de Lachazelle-L'Hermet doit donc être considéré comme l'humble berceau où il éleva sa famille, et où il vécut pendant trente-quatre ans, au milieu des travaux, des peines et des inquiétudes.

Quinze jours avant sa mort, lorsque la vie avec la santé était encore riche et abondante dans ses veines, il fixait de loin et montrait de son doigt la tombe de son épouse, en affirmant : *Je serai bientôt là!...*

A la même époque, il communiqua ses pressentiments à deux autres personnes en leur disant :

Réglons aujourd'hui nos affaires, car nous ne savons pas ce qui arrivera après moi...

Pendant les cinq jours que dura sa maladie, qui était une fièvre milliaire, les hommes s'efforcèrent de le plonger dans l'illusion, et le samedi matin, 13 mai 1854, il rendait le dernier soupir. Plusieurs autres circonstances de cette mort se trouvent rapportées dans un *manuscrit* qui nous fut confié par un témoin oculaire.

(1) Jean-Auguste Biron, naquit à l'Hermet, le 1er du mois de juillet 1835, et mourut à Chaudesaigues le 22 du mois de septembre 1867.

Il avait fait ses études au petit-séminaire de Saint-Flour qu'il quitta au mois d'avril 1854. Il étudia encore quelques temps à Rodez, et fit son stage

nous pas désirer de faire reposer tes Restes auprès des Restes de ton père et de ta mère? Ne devions-nous pas t'offrir cette place comme dernier gage d'une amitié toujours sincère?

Maintenant plus que jamais, j'ai besoin de toute la bienveillance des parents et des amis qui m'environnent. A la vue du cercueil de mon frère aîné, mes yeux se remplissent de nouvelles larmes, mon esprit frémit et mon cœur se trouble au delà de toute mesure. Les anciens admiraient extraordinairement l'amitié d'un frère pour son frère (1). Ah! si vous connaissiez les tendres rapports qui m'unissaient à mon frère François! Si vous saviez combien mon âme était unie à son âme! Si vous

---

de notaire, en partie à Villefranche-sur-Saône (Rhône), et en partie à Saint-Flour. — En 1860, il acheta l'étude de M. Rougier de Chaudesaigues et lui succéda comme Notaire

Il avait une vertueuse épouse et cinq tendres enfants qu'il aimait sans mesure. Tout prospérait dans ses affaires, lorsque Dieu lui demanda l'immense sacrifice de la suprême séparation.

Au milieu du mois de juin 1867, six enfants d'Anselme Biron se trouvaient réunis à Paris, chez leur frère aîné, pour la première et dernière fois de leur vie. — Auguste était présent à cette douce réunion, et comme il souffrait beaucoup, les soins les plus délicats lui étaient prodigués, les regards les plus compatissants se portaient sur lui. Son frère aîné, profondément ému, lui adressa quelques paroles d'encouragement. Auguste ne comprit que trop bien, et il répondit en soupirant : *Oh! si ce n'étaient mes enfants, mon sacrifice serait bientôt fait!* C'était le 23 juin, et trois mois plus tard, Dieu lui demandait de faire son sacrifice. Il gémissait en disant : *Pauvre Thérésia! vingt-cinq ans et cinq enfants!* Non-seulement ses regards ses portaient bien des fois sur un crucifix placé dans l'alcôve de son lit, mais il avait voulu en avoir un plus près dans les moments pénibles; il avait même prié sa femme de lui attacher un petit christ au poignet de sa main déjà débile et défaillante En effet le dimanche 22 septembre, jour consacré *aux douleurs de Marie*, sur les dix heures du soir, le Christ lui donna sa grâce, sa victoire et son salut.

(1) On demandait à Caton d'Utique, quel était son meilleur ami sur la terre: C'est mon frère, répondit-il. — Et après lui, qui aimez-vous le plus? — Mon frère, ajouta-t-il. — Mais après votre frère?... — C'est mon frère, répondit-il une troisième fois. — On cessa alors de le questionner, et l'on admira les sentiments de l'amitié fraternelle.

Cette affection ne fit que croître avec les années. Caton ne quittait point son frère Cépion; il n'entreprenait rien d'important sans le consulter, et à l'âge de vingt ans, il n'avait fait aucun repas hors de la maison de son frère.

Pendant que Caton se trouvait en Asie, il apprit que son frère aîné était tombé malade à Thessalonique. — Ne comptant pour rien la rigueur de la saison, il se mit en voyage pour aller voir son bien-aimé Cépion. L'ayant trouvé expirant, il se livra à la plus vive douleur. Il commanda de magnifiques funérailles; il lui fit élever un superbe tombeau de marbre et voulut emporter ses cendres avec lui. Comme on lui conseillait de les mettre sur un autre vaisseau : *Non*, répondit-il, *non, je mourrais plutôt que de m'en séparer!*

saviez avec qu'elle confiante intimité nous aimions à nous communiquer mutuellement nos peines, nos joies et nos espérances! Si vous saviez quels sentiments d'honneur et de foi chrétienne remplissaient le cœur de mon frère! Si vous connaissiez les sacrés ressorts de l'admirable Providence qui me conduisit de fort loin auprès de ce mourant bien aimé! Si vous aviez été les témoins des suprêmes adieux et de l'action solennelle par laquelle il fit un dernier appel à l'amitié de son frère, et rendit un dernier hommage au dévouement de celle qui partagea constamment les nombreuses peines et les rares joies de sa vie (1)! Ah! si vous con-

(1) C'est le 30 novembre 1867, sur les dix heures du soir, que Jean-François Biron rendit le dernier soupir, entre les bras d'un de ses frères, prêtre, lequel était accouru de bien loin, entraîné par un pressentiment irrésistible. La première entrevue avait eu lieu le même jour, quelques minutes après midi. Les deux frères se regardèrent quelque temps dans un silence plus significatif que toutes les paroles. Le malade parla le premier et dit : *Il faut donc nous quitter, ô mon Baptiste, trop tard connu!..* Il resta assis sur son lit durant toute la soirée et jusqu'à son dernier moment. Il souffrait beaucoup, mais sans se plaindre et il se contentait de dire : *Ma mémoire s'en va... Quelle heure est-il?... Vous espérez donc encore?*

Sur les trois heures du soir, le malade regarde autour de lui, et rassemblant toute son énergie, il étend ses bras et demande à prendre dans une de ses mains la main de son frère, et dans son autre main la main de son épouse. Son action était solennelle et significative. La reconnaissance débordait de son cœur, mais sa bouche se contenta de dire avec une force d'expression extraordinaire : *O brave! .. ô brave!... la brave femme!..*

Jusqu'à son dernier soupir, il lutta vaillamment contre la violence du mal, et son agonie, qui survint à l'improviste, ne dura pas au delà de six minutes... Beaucoup de larmes et de prières furent répandues sur ce visage bien-aimé, dont les traits ne furent aucunement altérés par la mort pendant les trente-six heures qu'il demeura exposé dans sa chambre funéraire.

Comme ses propriétés se trouvaient sur le territoire de Saint-Ouen-sur-Seine, et qu'il était lui-même membre très dévoué du conseil de fabrique de son église paroissiale, ses obsèques se firent convenablement le 2 décembre dans cette même église. Mais son frère ne voulut point se séparer de sa dépouille mortelle qui fut transportée de Paris jusqu'à Lieuladès (Cantal), et ensevelie provisoirement, le 4 décembre, dans l'ancien tombeau de son père et de sa mère

Jean-François Biron, fils aîné d'Anselme Biron et de Jeanne Besse-Biron, était né à Lagarde, le 1er mai 1819. Son aïeul maternel, François Besse fut son parrain au baptême, et lui fit donner son nom. Mais la mère exprima le désir d'appeler son enfant par un autre nom, et le parrain lui répondit : *Eh bien! vous l'appellerez Jean, car nous lui avons imposé encore ce nom.*

Il a vécu quarante-huit ans et six mois. Ses jours ont été courts et remplis de beaucoup de peines et de souffrances. Les déceptions, les trahisons, les morsures et les calomnies des jaloux, les revers de fortune et les abandonnements des égoïstes, les chagrins et les brisements de cœur, aucun mal ne lui fut épargné pendant les vingt-neuf ans de son séjour à Paris.

naissiez tout cela, Parents et Amis dévoués, vos cœurs s'attendriraient peut-être, vous mêleriez à mes larmes quelques-unes de vos larmes, vous rendriez aussi hommage à la mémoire de mon bien aimé frère François, et vous lui diriez aujourd'hui avec moi : *Lève-toi, véritable et digne fils de ton généreux père, lève-toi et viens occuper la place que nos cœurs te décernent et qui t'appartiendra toujours de fait et de droit!*

Je veux terminer à l'instant et vous prier de diriger vos pas vers le nouveau sépulcre de famille. Mais un affreux souvenir vient de traverser mon esprit et de fendre mon cœur. Ah ! Joseph ! Joseph, mon frère ! Mon pauvre frère Joseph ! Le navrant souvenir de ton désastre me poursuivra donc toujours?... Je répandis bien des larmes sur ton malheur, mais je n'ai pu les répandre sur la terre de ton sépulcre méconnu !

Il se sentait appelé à je ne sais quoi au-dessus du vulgaire Il était tourmenté par la noble pensée de faire honneur à son père et à sa mère, et de réjouir leur mémoire. Comme il se trouvait dans une situation fâcheuse, lorsqu'il apprit la mort de sa mère, on le vit porter ses deux mains sur sa tête et s'arracher les cheveux en signe d'irrémédiable douleur. Après la mort de son père, on le vit plus d'une fois s'abandonner à une profonde émotion et répandre des larmes en s'écriant : *Malheureux que je suis! je n'ai pas eu le bonheur de consoler mon père!*

C'est lui-même qui avait vivement désiré et obtenu enfin de réunir tous ses frères autour de lui, au mois de juin 1867. Il voulait qu'ils fussent généreusement traités chez lui, la nuit et le jour, et le 21 juin, dans un banquet de famille, auquel assistait un vieil ami de cœur, l'abbé L.-H., Vicaire de Paris, il se leva, prit la parole et dit : *Mes frères, il est doux d'être ainsi réunis pour la première fois de notre vie! Ah! si notre père et notre mère étaient là!... Mais du sein de l'autre vie qu'ils habitent, ils nous voient sans doute, et notre présence les fait tressaillir de joie. Frères, réjouissons-les toujours par l'oubli de toute froideur réciproque et par l'union qui règnera toujours entre nous. C'est là mon vœu, et je suis certain que c'est aussi le votre : Eh bien! je porte ceci à l'union fraternelle et à la mémoire de nos Pères!...*

Le 15 septembre de la même année, il se rendit à Lieuta'ès et conduisit son fils sur une tombe qu'il devait occuper lui-même quatre-vingts jours plus tard.

En 1849, il perdit un ami dans la personne de son voisin, M. François Pillard, jeune homme de vingt-quatre ans, originaire du département de l'Orne. Ce fut cette circonstance qui lui procura l'occasion de faire la connaissance de celle que Dieu voulait lui donner pour épouse. Rose-Aglaé Pillard se rendit à Paris en compagnie de son bon père, et en entrant dans la maison de l·ur défunt, ils aperçurent François Biron qui les salua, en disant : *Voilà le père et la sœur de mon pauvre ami François!...* La connaissance était faite, mais leur mariage ne fut célébré que quatorze mois plus tard, le 29 novembre 1851. Il se réjouissait d'avoir une femme profondément dévouée à la famille Biron. Il lui disait quelquefois : *O! si ma mère te voyait, comme elle t'aimerait! Elle était si bonne! Elle nous aimait tant cette mère! Et je*

Joseph ! mon infortuné frère Joseph ! J'adore et je bénis avec toi le mystère de la main de Dieu, mais je maudis les eaux du torrent (1). Je les maudis !... Je les maudis ! ..

---

lui a fait tant de peine dans ma vie !... Et des larmes s'échappaient de leurs yeux.

Au milieu de ses plus grands malheurs, la foi ne l'abandonna jamais. Le 19 juin 1865, il faisait une promenade dans Paris, et ses yeux se fixaient particulièrement sur certains quartiers qui lui rappelaient de tristes souvenirs. *Ah!* s'écria-t-il, en se tournant vers sa femme et vers un de ses frères, qui se trouvaient à ses côtés, dans la voiture, *combien de chagrins amers et cuisants tombèrent sur moi dans cette Babylone! Cependant, je ne perdis jamais confiance en Celui qui est là-haut, dirigeant mon étoile, et en ma bonne mère, la Sainte Vierge!. . Et je n'ai pas été abandonné.*

Le 2 février 1862, un de ses frères lui faisait observer que trois jours suffisaient grandement pour se confesser et se préparer à faire une bonne communion. *Cela est-il possible!* s'écria-t-il, *je ne puis le croire... Comment donc se fait-il que dans mon enfance le bon prêtre, M. G., ne me laissait pas communier, alors que mon plus grand péché était d'avoir lancé des boules de neiges à mes camarades?...*

Lorsque ses affaires temporelles commencèrent à se rétablir dans un état moins précaire, il s'occupa pratiquement de quelques études d'architecture, et son désir était de bâtir quelque part une église à ses frais particuliers. — Il voulait aussi élever un monument religieux au centre de sa chère Villette-Biron, près Paris.

Il avait un profond mépris pour les *Francs-Maçons*, qui avaient voulu le rendre témoin de quelques-unes de leurs réunions dangereuses. *Ton père est donc Franc-Maçon?* demandait il un jour à un enfant de douze ans. — *Mais, oui, certainement*, répondit l'enfant, *et comme il devait se rendre à la Loge, il n'a pas pu venir chez vous... — Pauvre enfant! Je te plains!*

Il avait voyagé en Italie et son bonheur avait été de pouvoir s'arrêter quelques jours à Rome, pour contempler le visage du Souverain Pontife dans la chapelle Sixtine. L'impression que produisit dans son esprit la présence de Pie IX, lui fut extrêmement agréable et salutaire, et ce précieux souvenir l'accompagna jusqu'à la fin de ses jours.

NOTA. — Comme vérité historique, il faut déclarer ici que, plusieurs jours avant sa mort, avait été signé, à Rome, le diplôme de décoration de l'ordre Saint-Sylvestre. — Il était l'objet de cette faveur apostolique, soit pour les innombrables services qu'il avait rendus à la classe ouvrière par la création du gros bourg la Villette-Biron, soit pour son dévouement à la cause sacrée du Souverain Pontife, aux intérêts religieux de la paroisse, etc., etc Hélas! cette magnifique distintion du Saint-Siége, il n'a pu en jouir ici-bas! — C'est du moins une belle fleur sur sa tombe!

(1) Joseph Biron était né à l'Hermet, le 1er jour du mois de janvier 1826. Il faisait ses études au petit-séminaire de Saint-Flour, et il était tout à fait sur le point de se mettre en voyage pour aller passer les grandes vacances au sein de sa famille, lorsqu'il périt tristement dans les eaux du Lander. C'était à six heures du soir, le 18 août 1846. Deux directeurs et sept élèves voulurent monter encore une fois sur une barque et faire une dernière promenade sur l'eau. Ils étaient déjà depuis quelques instants au milieu du gouffre, lorsque tout à coup

Dieu tout puissant, Dieu très-juste, Dieu très-bon! arbitre souverain de la vie et de la mort, vous qui faites tout avec poids et mesure, dirigeant tous les événements avec force et suavité dans le plan de votre impénétrable sagesse! Daignez me délivrer aujourd'hui des maux qui me pressent; regardez l'état d'humiliation et de peine où je me trouve; voyez mon cœur broyé comme la poussière des tombeaux. Suppliant, prosterné et tout anéanti, je vous demande, ô Dieu vivant, de faire tressaillir de joie les cendres de mon père, de ma mère et de mes frères bien aimés! Miséricordieux Jésus! descendu du ciel pour les sauver, souvenez-vous qu'ils furent admis autrefois à la communion du pain vivant qui déposa dans leurs membres les arrhes de la résurection et le gage de la bienheureuse immortalité (1). Hâtez-vous donc, ô très-doux Jésus! de donner à leurs âmes le bonheur éternel, et daignez recevoir en odeur de suavité pour Elles, l'hommage de nos soupirs, de nos larmes, de nos prières et surtout l'offrande du sang divin qui coule sur les autels de votre admirable sacrifice.

Ensevelissez-moi avec mes pères dans la double caverne!!! (2).

---

ils aperçoivent sur la surface de l'eau, à quelque distance de la barque, Joseph Biron. Personne ne l'avait vu tomber ou descendre dans l'eau. Comme il savait nager, on eut le malheur de croire qu'il voulait s'amuser. Il devint impossible de lui porter le secours qu'il sollicitait par tous ses regards. Après de vains efforts pour se retirer de l'abîme, l'infortuné Joseph disparut entièrement dans le gouffre. Le batelier accourut, mais trop tard. Vingt minutes s'étaient écoulées lorsqu'il parvint à ramener sur la rive un cadavre déjà livide. M. le docteur Tassy, de Saint-Flour, arriva sur les lieux plus d'une heure après le tragique événement; mais il ne put reconnaître le moindre signe de vie dans la pauvre victime.—Quelques centaines de pas au-dessous du Rochain, à la barque de Malassagne, sur les bords du Lander, le 18 août de l'année 1846, *maudites soient les eaux du torrent!...*

(1) Jeanne Besse-Biron avait reçu la divine communion très peu de temps avant sa mort.

Joseph Biron avait communié le saint jour de l'Assomption, trois jours avant sa mort.

Anselme Biron avait communié le samedi, 26 avril, quinze jours avant sa mort.

Auguste Biron communia deux fois, peu de jours avant sa mort.

Jean-François Biron avait reçu la divine communion le 22 novembre, huit jours avant sa mort. — Au moment de l'agonie, son frère lui donna une dernière *absolution*, lui appliqua l'indulgence plénière, et fit retentir souvent à son oreille mourante les noms doux et sacrés de Jésus et de Marie!...

(2) La double caverne du champ d'Ephron était solidement creusée, et avait plusieurs niches pour recevoir un certain nombre de corps. Abraham et ses

éritables descendants y furent ensevelis. Voici, d'après la Sainte-Ecriture, à quelle occasion le champ et la double caverne furent achetés.

Sara, épouse d'Abraham, venait de mourir à l'âge de cent vingt-sept ans, en la ville d'Arbée, qui est la même qu'Hébron, au pays de Chanaan. Abraham la pleura, et en fit le deuil pendant plusieurs jours. Après s'être acquitté de ce devoir qu'on rend aux morts, il vint parler aux enfants de Heth, et il leur dit : Je suis parmi vous comme un étranger et un voyageur; donnez-moi droit de sépulture au milieu de vous, afin que j'enterre la personne qui m'est morte. Les enfants de Heth lui répondirent : Seigneur, écoutez-nous; vous êtes parmi nous comme un grand prince; enterrez la personne qui vous est morte dans nos plus beaux sépulcres; nul d'entre nous ne pourra vous empêcher de mettre dans son tombeau la personne qui vous est morte

Abraham se leva, et remercia les peuples de ce pays-là, qui étaients les enfants de Heth, et il leur dit : Si vous trouvez bon que j'enterre la personne qui m'est morte, écoutez-moi et intercédez pour moi auprès d'Ephron, fils de Séor, afin qu'il me donne sa caverne double, qui est à l'extrémité de son champ, qu'il me la cède devant vous pour le prix qu'elle vaut, et qu'ainsi elle soit à moi pour en faire un sépulcre.

Or, Ephron demeurait au milieu des enfants de Heth, et il répondit à Abraham, devant tous ceux qui s'assemblaient à la porte de la ville, et lui dit : Non, seigneur, cela ne sera pas ainsi; mais écoutez plutôt ce que je vais vous dire : Je vous donne le champ et la caverne qui s'y trouve, en présence des enfants de mon peuple; enterrez-y la personne qui vous est morte

Abraham fit un salut de remercîment à tout le peuple du pays, et il dit à Ephron, au milieu de tous : Ecoutez-moi, je vous prie; je vous donnerai l'argent que vaut le champ; recevez-le, ensuite je pourrai y enterrer la personne qui m'est morte.

Ephron lui répondit alors : Mon Seigneur, écoutez-moi : la terre que vous me demandez vaut quatre cents sicles d'argent ; tel est le prix du champ et de la double caverne; mais qu'est-ce que cela pour que je le reçoive de vous? Enterrez-y celle qui vous est morte, et ne payez rien, vous me ferez plaisir.

Abraham fit peser, en présence des enfants de Heth, l'argent qu'Ephron avait indiqué comme valeur de son champ, c'est-à-dire quatre cents sicles d'argent. Ainsi le champ qui avait appartenu autrefois à Ephron, dans lequel il y avait une caverne double en face de Mambré, fut livré à Abraham avec tous les arbres qui y étaient autour. Et ce champ lui fut assuré comme un bien qui lui devint propre.

Abraham enterra donc sa femme Sara dans la double caverne du champ qui regarde Mambré, où est la ville d'Hébron au pays de Chanaan. Et le champ avec la caverne qui s'y trouvait fut livré de cette manière et assuré à Abraham par les enfants de Heth, afin qu'il le possédât comme un sépulcre qui lui appartenait légitimement Oui, certes, le champ et la caverne lui appartenaient légitimement, car si Ephron était libre de vendre sa propriété quatre cents sicles d'argent, qui valent, en monnaie française, six cents quarante-huit francs trente-quatre centimes, Abraham se trouvait également capable d'acheter et de payer.

Le double tombeau de la famille Biron est solidement creusé dans la terre et se trouve disposé de manière à être en état de recevoir un grand nombre de cercueils, comme il sera dit un peu plus loin.

Voici à quelle occasion fut acheté le champ où se trouve le double tombeau, qui se nommera désormais : *la Chapelle de la Piété Filiale, ou Notre-Dame-de-Bonne-Mort.*

Mon très bon père, Jean-François Biron, venait de mourir à la Villette-Biron, près de Paris, et ma chère mère était plongée dans une grande douleur et répandait beaucoup de larmes. Et moi, je pleurais aussi avec ma mère. Elle écrivit un grand nombre de lettres à son mandataire, mon oncle Biron, de Saintoul-Lacalm, pour lui dire : Je vous prie d'acheter, au nom de mon fils Anselme, le champ de Bouldoire-Buisson, qui est en face de Lieutadès, et au-dessus du cimetière, afin que je puisse faire dans ce lieu un sépulcre de famille. Ma mère attendait la réponse avec une grande anxiété, car elle désirait vivement rendre hommage à la mémoire de mon très bon père et de mon aïeul Anselme Biron de l'Hermet.

Ma condition d'enfant, encore mineur, pouvait apporter un long retard là où il ne fallait aucun retard. Le 19 janvier 1868, et le 16 mars de la même année, le champ de Bouldoire-Buisson fut acheté et enregistré au nom de ma mère. Mais ce qui est à ma mère est à moi, et ce qui m'appartient est à ma mère. Bouldoire-Buisson se déclara très libre et très content de vendre son champ à ma mère, et ma mère se trouva aussi très libre et très contente de payer sans retard la valeur de tout le champ.

Ainsi fut livré et assuré à ma mère, par Bouldoire-Buisson, le champ qui est en face de Lieutadès, au-dessus du cimetière, borné au nord par le chemin, au levant par la propriété Martin, au couchant par le champ de Pironnet-Montagne.

C'est dans ce lieu plein de tristesse, que ma très généreuse mère, Rose-Aglaé Biron, née Pillard, a fait creuser le vaste tombeau de famille, qui s'appellera toujours : *La Chapelle de la Piété Filiale* ou *Notre-Dame de Bonne-Mort*.

L'intérieur de la grotte a une profondeur de 3 *mètres* sous clef de voûte.

Sa longueur est de 5 *mètres*.

Sa largeur est de 3 *mètres*.

Elle est divisée en compartiments superposés selon la forme des niches ou des compartiments existants dans les catacombes chrétiennes de la primitive église.

Le nombre des compartiments destinés à recevoir les grands cercueils est de quinze.

Le nombre des places réservées pour recevoir les anciens restes humains est de trois.

Six compartiments à droite, six à gauche et trois dans l'abside, au devant des places réservées aux anciens débris.

La longueur de chaque compartiment est de 180 *centimètres*.

La largeur est de 75 *centimètres*.

La hauteur est de 60 *centimètres*.

Un escalier en pierre conduit jusqu'au sol du caveau.

La Chapelle de la Piété Filiale, ou *Notre-Dame de Bonne-Mort*, s'élèvera sur les murs de la grotte et en conservera la forme et les dimensions.

. . . .

Je souhaite que ces notes et ces renseignements, destinés à ne jamais sortir du cercle de la famille et des amis, puissent servir de témoignage dans les temps à venir !!!

VILLETTE-BIRON, à Saint-Ouen-sur-Seine. — Année 1868.

ANSELME BIRON, *élève du collège* CHAPTAL, *à Paris*.

Paris.—Edouard Vert, imp., 29, rue N.-D.-de-Nazareth.

PARIS. — TYP. ET LITH. ÉDOUARD VERT
29, rue Notre-Dame-de-Nazareth.

www.ingramcontent.com/pod-product-compliance
Lightning Source LLC
LaVergne TN
LVHW010312230826
846091LV00007B/3116

9782012942820